Kennt ihr Atasi? – Tiere und Personen beschreiben

Anna kommt aufgeregt zu Leon: „Nico ist weg! Er war im Garten, und als ich kurz ins Haus ging, um die Leine zu holen, war er plötzlich verschwunden! Was machen wir bloß?“ Leon antwortet: „Wir müssen nach ihm suchen. Lass uns einen Suchzettel mit einer Beschreibung und einem Bild aufhängen!“

1 Schau dir das Bild von Nico genau an. Ergänze passende Adjektive (Wiewörter). Die Ideenbox unten kann dir helfen.

Nico ist ein Mischlingshund und ____________________. Er hat ein

____________________ Fell. Auf dem Rücken ist Nico ____________________,

auf dem Bauch ist sein Fell ____________________ gefärbt. Außerdem hat er einen

____________________ Schwanz. Auf dem Kopf ist das Fell ____________________.

Seine Ohren hängen herunter. Nico hat eine ____________________ Schnauze

und ____________________, ____________________ Augen.

Auffällig ist, dass er um den Hals ein ____________________

Halsband aus Leder mit einer ____________________

Marke trägt.

Ideenbox: zottelig – schwarz – braun – weiß – rot – struppig – golden – buschig – rund – lang – mittelgroß

Zum Glück klingelt am Abend das Telefon. Eine alte Dame meldet sich:

„Mir ist heute ein Hündchen zugelaufen, das genau auf eure Beschreibung passt. Ich glaube, es hat die Bratwürstchen gerochen, die ich gebraten habe. Ich wohne nur eine Straße weiter.“

Leon und Anna freuen sich. Bestimmt ist das ihr Nico. So ein Schlawiner!

2 Anna und Leon lernen in der Schule, wie man eine Personenbeschreibung anfertigt. Als Hausaufgabe sollen sie sich zunächst einmal eine Wörter-Sammlung anlegen. Sammle auch du Wörter, mit denen du eine Person beschreiben kannst. Verwende dabei ein Wörterbuch.

Bei einer **Personenbeschreibung** musst du **Körper**, **Gesicht** und **Kleidung** einer Person genau beschreiben. Dabei solltest du möglichst viele **treffende Wörter** verwenden. Dafür sind Adjektive (Wiewörter) und Nomen (Namenwörter) wichtig.

a Wie Körper und Figur sein können:

kräftig,

b Wie die Form des Gesichtes sein kann:

c Wie Augen und Augenfarbe sein können:

d Wie die Nase sein kann:

e Wie Haarfarbe und Frisur sein können:

Körper: schlank – groß – klein – zierlich – dünn – rundlich – korpulent – sportlich
Gesicht: länglich – schmal – rund – oval – kantig – gebräunt – blass – faltig
Augen: groß – klein – schmal – mandelförmig – braun – blau – grün – grau
Nase: lang – kurz – klein – groß – gebogen – breit – schief – knollig – spitz
Haare: blond – braun – schwarz – rötlich – gewellt – lockig – glatt – kurz – lang – mittellang – schulterlang – gepflegt – fettig – struppig – glänzend

f Kleidungsstücke (Nomen/Namenwörter):

Kopf: Hut,

Oberkörper: T-Shirt,

Beine: Hose,

Füße: Sandalen,

g Muster und Art der Kleidung (Adjektive/Wiewörter):

gestreift,

Nomen: Mütze – Pullover – Kleid – Jacke – Minirock – Shorts – Stiefel – Bluse – Hausschuhe – Top – Hemd – Mantel – Rock – Kappe – Jeans – Turnschuhe – Socken – Halbschuhe – Strumpfhose – Wanderschuhe

Adjektive: gepunktet – kariert – geblümt – weit – eng – lang – kurz – neu – alt

h Besondere Merkmale:

Muttermal, buschiger Bart,

3 Mit zusammengesetzten Adjektiven (Wiewörtern) kannst du noch genauer beschreiben. Bilde zusammengesetzte Adjektive.

rot wie Feuer = feuerrot

blau wie der Himmel =

schön wie ein Bild =

groß wie ein Riese =

weiß wie Schnee =

4 Anna und Leon gehen in den Technikmarkt. Als sie zwischen den Regalen mit den Handys stehen und sich die neuesten Erscheinungen anschauen, bemerken sie, dass ein Mann neben ihnen heimlich ein neues Handy in seinem Mantel verschwinden lässt. Als er merkt, dass die Kinder ihn beobachten, läuft er schnell weg. Aufgeregt holen die Kinder einen Verkäufer und berichten ihm den Vorfall. Die Polizei wird gerufen und befragt die Kinder: „Habt ihr euch gemerkt, wie der Mann aussah?“ Zum Glück haben Anna und Leon genau hingeschaut.

Schau dir das Bild des Diebes genau an. Setze dann in Annas und Leons Bericht passende Wörter ein. Bestimmt kann dir deine Wörter-Sammlung dabei helfen. Trage rechts neben den Text ein, welcher Teil der Person gerade beschrieben wird.

Bei einer Personenbeschreibung beschreibst du zuerst den **Gesamteindruck** und dann die **einzelnen Merkmale** der Person **von oben nach unten:**

- Einleitungssatz (Welche Person möchtest du beschreiben?)
- Geschlecht (männlich/weiblich), ungefähres Alter und Größe
- Körper und Figur
- Gesicht mit Augen, Nase und Mund
- Haare und Frisur
- Kleidung

Gib an geeigneten Stellen **besondere Merkmale** an (z. B. Brille, Bart).
Schreibe im **Präsens** (Gegenwart).

„Die Person, die Sie suchen müssen, ist ein erwachsener Mann. Der Mann ist etwa 30 Jahre alt und 1,90 m groß.

Er ist ______________ und hat ______________ Schultern.

Das Gesicht des Mannes ist __________________________,

außerdem trägt er einen _________________________ Bart.

Seine Augen sind ________________ und die Augenbrauen

________________. Auffällig ist seine ________________

Nase. Der Mund ist ______________________.

Außerdem hat er einen ____________ Ohrring im linken Ohr.

Der Mann hat _________________________________ Haar.

Bekleidet ist er mit einem ____________________________

Mantel. Darunter guckt ein ________________ Hemd hervor.

Auffällig daran sind die _________________ Knöpfe.

Der Mann trägt eine ________________________________.

An den Füßen hat er ___________________ Schnürschuhe.“

Einleitungssatz

Geschlecht, Alter und Größe

____

____

____

____

____

Der Polizist meint:
„Mit dieser tollen Beschreibung schnappen wir den Kerl bestimmt!“

5 Am nächsten Tag in der Schule üben die Kinder Personenbeschreibungen. Anna beschreibt ihre Freundin Atasi. Schau dir das Bild von Atasi genau an und schreibe eine Personenbeschreibung.

Verwende verschiedene Satzanfänge:
- Atasi ...
- Das Mädchen ...
- Auffällig ist ...
- Ihre Haare sind ...
- Außerdem ...

Einleitungssatz

Geschlecht, Alter und Größe

Körper und Figur

Gesicht

Haare und Frisur

Kleidung

bes. Merkmal

Ein seltenes Tier – Sachtexte verfassen

Anna und Leon sind auf Klassenfahrt und machen eine Nachtwanderung. Sie laufen mit Taschenlampen zwischen Felswänden umher. Plötzlich fliegen kleine Schatten über ihre Köpfe hinweg.

Anna ruft: „Hilfe, was ist das?“ Leon meint: „Anna, du Angsthase! Ich glaube, das sind Fledermäuse.“ Anna sagt: „Auweia! Hab ich Angst, dass mich eine beißt – das sind doch Blutsauger!“ Leon lacht: „Ich glaube, wir müssen in der Schule mal etwas über Fledermäuse lernen. Du hast echt keine Ahnung!“

6 In der Schule sollen sich die Kinder über verschiedene Fledermausarten informieren und Steckbriefe anfertigen.

a Lies die Texte und markiere wichtige Informationen.

b Unterstreiche unbekannte Fachausdrücke. Schlage sie im Lexikon nach oder erkundige dich nach ihrer Bedeutung.

Der **Große Abendsegler** ist eine große Fledermausart. Das Tier erreicht in der Regel eine Körperlänge von 7 bis 8 cm und wiegt 20 bis 40 g. Seine Flügelspannweite beträgt sogar 30 bis 40 cm. Im Flug erscheint diese Fledermaus etwa so groß wie eine Amsel. Große Abendsegler haben ein kurzes, rostbraunes Fell. Das Rückenfell hat einen samtartigen, fettig wirkenden Glanz.
Der Große Abendsegler hat seinen Namen bekommen, weil er bereits in der Dämmerung, also am Abend, auf die Jagd geht. Das Tier frisst (wie die meisten Fledermausarten) fliegende Insekten wie Schmetterlinge oder Mücken. Der Große Abendsegler ist eine typische Waldfledermaus. Seine Jagdgebiete liegen meist über dem Kronendach von Wäldern, über Lichtungen, über Bracheflächen und über Gewässern. Große Abendsegler wechseln ihr Quartier je nach Jahreszeit. Im Sommer leben sie am liebsten in Baumhöhlen, den Winter verbringen sie in Felsspalten und frostsicheren Höhlen. Dort halten sie Winterschlaf.

Die **Zwergfledermaus** ist die am häufigsten vorkommende Fledermausart in Deutschland. Außerdem ist sie neben der Mückenfledermaus die kleinste heimische Fledermausart. Tatsächlich passen Zwergfledermäuse mit angelegten Flügeln in eine Streichholzschachtel. Die zierlichen Tiere haben eine Körperlänge von nur 3 bis 5 cm und eine Flügelspannweite von etwa 20 cm. Mit einem Gewicht von 3 bis 5 g sind sie gerade mal so schwer wie ein Stück Würfelzucker. Das Fell der Zwergfledermaus ist braun.
Am liebsten wohnt die Zwergfledermaus in Dörfern und Städten. Sie ist eine typische Hausfledermaus. Im Sommer wohnt sie in engen Mauerspalten. Im Herbst sucht sie nach einem Winterquartier und hält dann in Kirchen, Kellern und Felsspalten ihren Winterschlaf.
In der frühen Abenddämmerung fliegt die Zwergfledermaus aus. Sie jagt im schnellen Zickzackflug an Teichen, Flüssen, Straßenlaternen, Waldrändern, Gärten und Obstwiesen nach kleinen Nachtfaltern und Mücken.

c Fertige für die beiden Fledermausarten Steckbriefe an.

Großer Abendsegler

Körperlänge:

Flügelspannweite:

Gewicht:

Färbung:

Nahrung:

Wo jagt das Tier?

Wo wohnt das Tier?

→ Sommerquartier:

→ Winterquartier:

Besonderheiten:

Zwergfledermaus

Körperlänge:

Flügelspannweite:

Gewicht:

Färbung:

Nahrung:

Wo jagt das Tier?

Wo wohnt das Tier?

→ Sommerquartier:

→ Winterquartier:

Besonderheiten:

7 Anna ist so begeistert von den Fledermäusen, dass sie mehr erfahren will. Außerdem möchte sie einen Text für die Klassenzeitung schreiben. Dafür hat sie schon viele Informationen gesammelt. Hilf ihr, sie sinnvoll zu ordnen.

a Markiere in den Texten wichtige Informationen.

Die meisten Fledermäuse sind nachtaktiv. Sie können nicht besonders gut sehen, aber sehr gut hören. Deshalb nutzen sie zur Orientierung die Echoortung. Die Tiere senden Rufe in hohen Tönen aus, die für das menschliche Ohr nicht hörbar sind (= Ultraschall). Treffen die Schallwellen auf ein Hindernis oder ein Lebewesen, werden sie zurückgeworfen und laufen zurück zur Fledermaus. Sie hört das und weiß dann, wo sich ein Hindernis oder ein anderes Lebewesen befindet. So kann sie sich im Dunkeln orientieren und ihre Beute finden.

Es gibt weltweit über 900 Fledermausarten, 25 davon leben bei uns in Deutschland. Die meisten Arten ernähren sich von Insekten. In Südamerika gibt es aber auch einige Arten, die süße Früchte fressen.
Die natürlichen Feinde der Fledermaus sind Greifvögel, Eulen und Katzen. Allerdings ist der Mensch ihr größter Feind, weil er mit Insektengiften ihre Nahrung vergiftet und ihren Lebensraum verkleinert, indem er alte Häuser saniert und Bäume fällt.
Tatsächlich gibt es bei uns immer weniger Fledermäuse. Deshalb stehen die Tiere unter Naturschutz.

Fledermäuse haben keine Federn wie Vögel. Stattdessen fliegen sie mit ihren „Händen". Sie haben ganz lange Fingerknochen, zwischen denen die Flughaut aufgespannt ist. Die Fledermaus kann ihre Flügel weit auseinanderspannen, aber auch zusammenfalten. Wenn die Fledermaus ruht, hängt sie sich mit ihren Füßen kopfüber an die Decke einer Höhle, an einen Balken oder an einen Ast. Damit sie sich gut festhalten kann, hat sie scharfe Krallen an den Füßen.

Fledermäuse gehen in der Dämmerung oder im Dunkeln auf Nahrungssuche. Die verschiedenen Arten haben unterschiedliche Jagdgebiete, sie jagen z. B. über Wäldern, über Wiesen, über Gewässern oder auch über Grünflächen von Ortschaften (z. B. Parks).

Im Frühjahr bringen die Weibchen ein bis zwei Junge zur Welt. Die Jungen werden von der Mutter gesäugt.

Fledermäuse haben ein Sommer- und ein Winterquartier. Viele Fledermäuse halten sich im Sommer in Baumhöhlen auf, andere leben auf warmen Dachböden oder in Mauerritzen alter Häuser. Den Winter verbringen Fledermäuse in kühlen, aber frostsicheren Höhlen oder Kellern. Dort halten sie ihren Winterschlaf.

b Schreibe die wichtigsten Informationen stichwortartig unter die passenden Überschriften. Du kannst die Stichworte auch mit deinem eigenen Wissen ergänzen.

Tipp: Wenn du noch mehr über Fledermäuse erfahren möchtest, können dir folgende Internetseiten helfen: www.kindernetz.de, www.kinder-tierlexikon.de, www.nabu.de, www.wwf.de

Fledermausarten:

Lebensraum:

Nahrung:

Echoortung:

Körperbau:

Jungenaufzucht:

Feinde:

Besonderheiten:

8 Verfasse nun einen Sachtext über Fledermäuse. Schreibe auf ein Extra-Blatt.

Ein Sachtext soll den Leser **informieren**.
- Schreibe eine **Einleitung**, in der du kurz erklärst, worum es in deinem Text geht.
- Schreibe im **Hauptteil** auf, was du über Fledermäuse weißt. Teile den Text in **sinnvolle Abschnitte** ein.
- Schreibe einen kurzen **Schluss**, der den Text abrundet.
- Finde eine passende **Überschrift**.
- Schreibe **sachlich** und vermeide in deinem Text Gefühle.
- Verwende verschiedene Satzanfänge und passende Adjektive (Wiewörter).
- Schreibe im **Präsens** (Gegenwart).

Tipp: Schau dir Aufgabe 7 b noch einmal an. Die Überschriften helfen dir, deinen Text in sinnvolle Abschnitte einzuteilen.

9 Können Fledermäuse Blut saugen?

„Ha", meint Anna zu Leon, „ich bin kein Angsthase mehr und außerdem weiß ich jetzt auch, woher die Gruselgeschichte kommt, dass Fledermäuse Blutsauger sind. Die gibt's wirklich, aber zum Glück nicht hier bei uns!" Leon staunt. Das muss er genauer wissen. Vielleicht hat Anna doch Ahnung?

Informiere dich über die Vampirfledermaus und mache Notizen. Achte dabei besonders auf folgende Punkte:
- Lebensraum: Wo lebt die Vampirfledermaus?
- Körper: Was ist das Besondere an ihrem Körper? Was kann sie besonders gut?
- Nahrung: Wovon ernährt sie sich?
- Nahrungssuche: Wie findet sie ihre Nahrung?
- Nahrungsaufnahme: Wie nimmt sie die Nahrung auf?

Verfasse nun einen vollständigen Sachtext über die Vampirfledermaus.
Schreibe den Text auf ein Extra-Blatt.

Eine spannende Klassenfahrt – Erlebniserzählungen schreiben

Anna und Leon sind gerade von der Klassenfahrt heimgekehrt. Sie waren auf einer Burg. Ihr könnt euch vorstellen, dass sie viel erlebt haben. Als sie sich das nächste Mal treffen, unterhalten sie sich aufgeregt über ihre Erlebnisse.

Anna meint: „Weißt du noch, wie wir unsere Gruselgeschichten im dunklen Burghof vorgelesen haben, und wie wir dann auf die Brücke gegangen sind? Und wie dann plötzlich ein Gespenst aus den Büschen gesprungen kam? Da wär ich ja fast umgefallen vor Schreck! Und dann war es nur Herr Birkmeier, der sich als Gespenst verkleidet hatte."

„Ja", sagt Leon, „das war wirklich aufregend. Aber am besten fand ich den Leuchtstab-Parcours bei unserer Nachtwanderung. Das werde ich nie vergessen!"

Die beiden unterhalten sich noch eine Weile. Später wollen sie ihre Erlebnisse aufschreiben.

Eine **Erlebniserzählung** besteht aus Einleitung, Hauptteil und Schluss.

- In der **Einleitung** solltest du die wichtigsten Personen, den Ort und die Zeit erwähnen (oder kurz vorstellen).
- Im **Hauptteil** erzählst du von einem interessanten, spannenden oder lustigen Ereignis. Der Hauptteil ist der längste Teil der Erzählung und kann aus mehreren Erzählschritten bestehen.
  Im Hauptteil sollte die Spannung ansteigen, damit der Leser immer neugieriger wird. Die spannendste Stelle ist der **Höhepunkt**, an dem sich das Ereignis auflöst oder wendet.
- Der **Schluss** rundet die Erzählung ab.

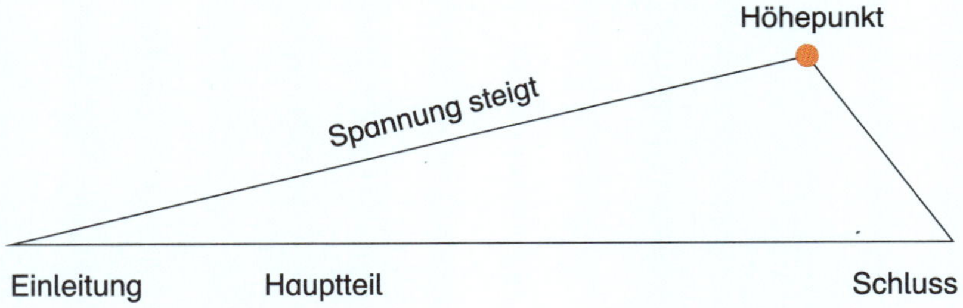

- Eine Erlebniserzählung wird **spannend**, wenn du treffende Adjektive (Wiewörter), verschiedene Satzanfänge und wörtliche Rede benutzt.

10 Anna möchte eine Erlebniserzählung schreiben, doch sie braucht noch etwas Hilfe.

a Setze in Annas Text passende Satzanfänge und Adjektive (Wiewörter) ein. Fülle auch die Platzhalter für die wörtliche Rede aus. Schau dir dafür die Ideenbox auf S. 15 an.

Das Gespenst im Burghof	**Überschrift**
Am ersten Abend unserer Klassenfahrt trafen wir uns im Burghof. ____________ wollten wir uns Gruselgeschichten vorlesen und uns ein wenig gruseln.	**Einleitung**
Mattis begann mit einer Skelettgeschichte und uns wurde schon ein wenig ____________ zumute. ____________ folgten noch eine ____________ Mumiengeschichte und eine ____________ Gespenstergeschichte. ____________ machte unsere Lehrerin Frau Reber einen Vorschlag: ____________ ____________ ____________ ____________ Alle waren begeistert von der Idee. ____________ gingen wir durch das ____________ Burgtor auf die ____________ Brücke. ____________ wollte Sophie ihre Geschichte vorlesen. Sie begann: ____________ ____________ ____________ ____________ ____________	**Hauptteil**

_______________ krachte es im Gebüsch neben der Brücke und eine _______________ Gestalt kam auf uns zu. Alle drängten sich _______________ an Frau Reber. _______________ warf die Gestalt den weißen Überhang ab. Und wer kam dann zum Vorschein? Herr Birkmeier, der Vater von Mattis, der sich einen Scherz mit uns erlaubt hatte. Na, das war vielleicht _______________!

Schluss

Adjektive: unheimlich – gruselig – merkwürdig – spannend – aufregend – mulmig – ulkig – hoch – dunkel – weiß – dicht – alt – lustig

Satzanfänge: Dort – Daraufhin – Bald – Da – Jetzt – Nun – Plötzlich – Dann – Sofort – In diesem Augenblick – Kurz danach – Auf einmal

Wörtliche Rede:

„Kinder, wir können auf die Brücke gehen. Dort ist es noch gruseliger und da könnt ihr doch die nächste Geschichte vorlesen!"

„Als die Klasse 3b nachts eine Wanderung unternahm, wurde es plötzlich sehr still und ein unheimliches Geräusch ertönte ..."

b Lies dir Annas Erzählung noch einmal durch. Wo ist der Höhepunkt der Geschichte? Markiere die Stelle mit einem farbigen Stift.

c In welcher Zeitform ist diese Erlebniserzählung geschrieben? _______________

11 Leon hat eine Erlebniserzählung über den Leuchtstab-Parcours geschrieben. Leider sind die einzelnen Teile seiner Erzählung durcheinandergeraten.

a Lies dir die Abschnitte durch. Schreibe jeweils rechts daneben hin, um welchen Teil es sich handelt: Einleitung, Hauptteil 1, Hauptteil 2, Höhepunkt oder Schluss.

Die Nachtwanderung	**Überschrift**
Der Wald sah im Dunkeln ganz anders aus als bei Tag. Es knackte unheimlich und dunkle Schatten waren überall. Wir sollten ganz vorsichtig gehen.	______________
Wir brachen am zweiten Abend unseres Aufenthaltes auf Burg Rabenstein zu einer Nachtwanderung auf. Die Gruppenleiter Meik und Ariane ermahnten uns, dass wir uns gegenseitig keine Angst machen sollten. Dann ging es los.	______________
Aber da hörte ich Ariane rufen: „Komm, du hast es gleich geschafft, ich bin hier, beim nächsten Leuchtstab!“ Ihr könnt euch vorstellen, dass ich selten so froh war. Aber ich hatte mich getraut!	______________
Ich wagte den Anfang und ging los. Nun war ich ganz allein. Es war so unheimlich! Der Weg wollte nicht enden und ich tastete mich aufgeregt von Leuchtstäbchen zu Leuchtstäbchen. Die Schatten rückten immer näher und mein Herz klopfte laut. Es raschelte neben mir. Was war das? Ich musste weiter.	______________
Allmählich gewöhnten sich unsere Augen an die Dunkelheit und man konnte sich ganz gut zurechtfinden. Unheimlich war es aber immer noch. Da rief Meik: „So, wir sind angekommen. Hier ist der Anfang des Parcours. Ihr müsst immer von Leuchtstäbchen zu Leuchtstäbchen gehen. Ariane wartet am Ende auf euch. Wer traut sich zuerst?“	______________

b Schreibe Leons Erzählung in der richtigen Reihenfolge auf.
Schreibe auf ein Extra-Blatt.

c Finde für jeden Erzählteil eine passende Überschrift.

Einleitung: ______________________________

Hauptteil 1: ______________________________

Hauptteil 2: ______________________________

Höhepunkt: ______________________________

Schluss: ______________________________

12 In einer Erlebniserzählung sollten Gedanken und Gefühle beschrieben werden. Sie machen die Erzählung lebendig und der Leser kann die Stimmung besser nachvollziehen.

Schreibe zu den folgenden Sätzen jeweils einen Satz, der die Gefühle des Erzählers wiedergibt!

Beispiel: Wir waren auf dem Weg zur Burg. (freuen)

Wir freuten uns auf die Zeit dort.

Abends trafen wir uns im dunklen Burghof. (unheimlich, Schatten, Bäume, Burgwände)

____

Simon las eine Mumiengeschichte vor. (gruseln)

____

Nun ging es los zur Nachtwanderung. (Aufregung)

____

Ein weißes Gespenst sprang aus den Büschen. (erschrecken, Herz, klopfen)

____

13 Schau dir die Bilder unten an und überlege dir eine Geschichte dazu. Schreibe eine spannende Erlebniserzählung. Schreibe auf ein Extra-Blatt.
Die Ideenbox unten kann dir helfen.

So kannst du beim Schreiben vorgehen:

- Überlege dir zunächst im Kopf eine Geschichte und mache dir Notizen dazu.
- Überlege dir Überschriften für die einzelnen Teile deiner Erzählung und schreibe sie auf.
- Schreibe in der **ich-Form**.
- Schreibe deine Erzählung im **Präteritum** (1. Vergangenheit).
- Gib den Personen Namen.
- Bringe Gedanken und Gefühle an passenden Stellen ein.

Ideenbox: Sommer – zelten – Spaß – Spiel – draußen – dunkle Wolken – Gewitter – Gefahr – freies Feld – Wald – Höhle – Dunkelheit – unheimlich – merkwürdige Formen – alte Holzkiste

Anna findet einen Schlüssel – Fantasiegeschichten erfinden

Die Schule ist aus. Anna und Leon sind auf dem Nachhauseweg. Es ist so schönes Wetter, dass Anna ein wenig trödelt. „Anna, nun mach schon! Ich muss nach Hause!“, schimpft Leon. Doch Anna lässt sich nicht hetzen. Als sie an einem kleinen Stadtpark vorbeikommen, bleibt Anna stehen und sieht sich die grünen Bäume an. Plötzlich entdeckt das Mädchen ein Funkeln. Sie reibt sich kurz die Augen und läuft dann los. „Was ist das?“, fragt sie sich. Leon läuft ihr hinterher.

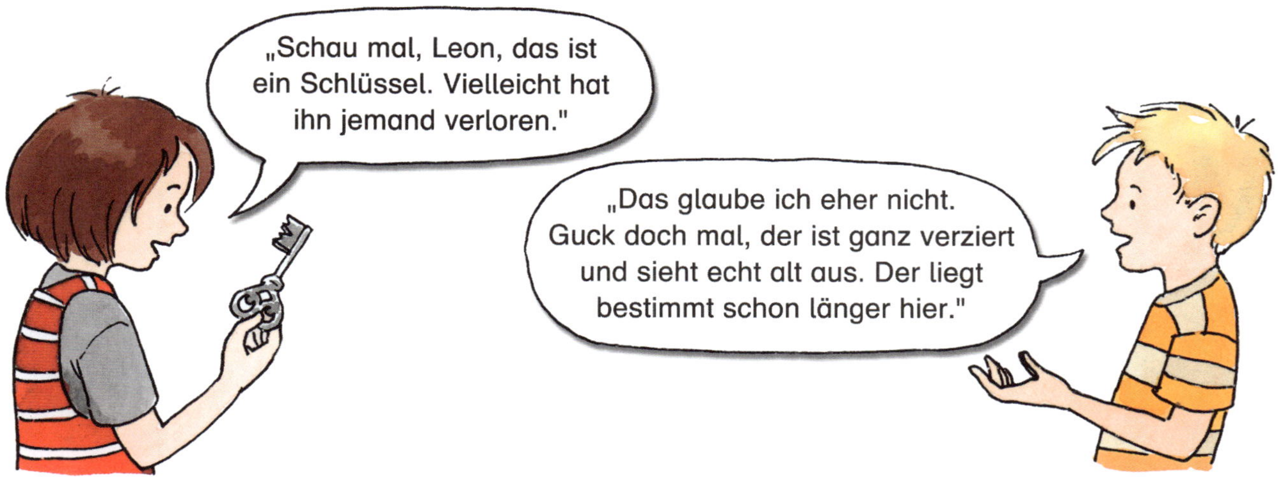

Am nächsten Tag zeigt Anna den Schlüssel ihrer Lehrerin. Frau Reber ist ganz aufgeregt: „Hinter so einem Schlüssel steckt bestimmt eine geheimnisvolle Geschichte. Lasst uns gemeinsam überlegen, wie sie beginnen könnte.“

14 Die Kinder sind begeistert von der Idee, eine Geschichte zu dem geheimnisvollen Schlüssel zu erfinden, und fangen gleich an. Doch sie haben die Überschrift vergessen. Lies die Einleitung und finde eine passende Überschrift.

> Auris und Debonia ritten auf ihren weißen Einhörnern in den Sonnenuntergang. Ihre langen Haare flatterten im Wind und rund um ihre Flügel glitzerte die Luft. Die Elfen waren schnell, denn sie wollten das kleine verlassene Steinhaus, das inmitten des Zauberwaldes hinter dem Wasserfall stand, noch vor Einbruch der Dunkelheit erreichen. Auris hielt den kleinen silbernen Schlüssel fest in ihrer schlanken Hand.

Eine gute **Überschrift** darf nicht zu viel von der Geschichte verraten. Sie muss den Leser neugierig machen, damit er die Geschichte lesen will.

Überschrift: ____________________

15 Du hast sicher schon am Anfang der Geschichte gemerkt, dass es sich um eine „fantastische Geschichte" handelt, die in der Welt der Fantasie stattfindet und so nicht wirklich passiert sein kann.

a Lies dir die Einleitung noch einmal genau durch und unterstreiche alle Wörter, die darauf hinweisen, dass das eine fantastische Geschichte ist.

> Auris und Debonia ritten auf ihren weißen Einhörnern in den Sonnenuntergang. Ihre langen Haare flatterten im Wind und rund um ihre Flügel glitzerte die Luft. Die Elfen waren schnell, denn sie wollten das kleine verlassene Steinhaus, das inmitten des Zauberwaldes hinter dem Wasserfall stand, noch vor Einbruch der Dunkelheit erreichen. Auris hielt den kleinen silbernen Schlüssel fest in ihrer schlanken Hand.

b Trage die gefundenen Wörter nun in die Tabelle ein. Finde weitere fantastische Wörter und schreibe sie ebenfalls in die Tabelle.

Fantastische Orte	Fantastische Wesen	Fantastische Gegenstände

Ideenbox: Schloss – Kelch – Fee – Ruine – Zauberer – Amulett – Hexe

Damit deine Geschichte fantastisch wird, musst du „fantastische" Wörter benutzen:

- Fantastische Wesen erhalten fantastisch klingende Namen.
  Beispiele: Auris, Debonia
- Füge bei Orten und Gegenständen ein interessantes Adjektiv (Wiewort) ein.
  Beispiele: das Steinhaus → das **verlassene** Steinhaus
  der Schlüssel → der **silberne** Schlüssel

c Suche zu den Wörtern passende Adjektive (Wiewörter) und schreibe sie auf.

das Schloss: das verzauberte Schloss

der Kelch: ____________________

die Ruine:

der Spiegel:

die Hexe:

16 Frau Reber gefällt der Anfang der Geschichte: „Ich bin schon gespannt, was die Elfen noch erleben. Gerne würde ich ihren Gesprächen zuhören."

a Schreibe das Gespräch der Elfen als wörtliche Rede im Anschluss an die Einleitung.
Tipp: Der blaue Kasten auf S. 22 kann dir helfen.

Auris und Debonia ritten auf ihren weißen Einhörnern in den Sonnenuntergang. Ihre langen Haare flatterten im Wind und rund um ihre Flügel glitzerte die Luft. Die Elfen waren schnell, denn sie wollten das kleine verlassene Steinhaus, das inmitten des Zauberwaldes hinter dem Wasserfall stand, noch vor Einbruch der Dunkelheit erreichen. Auris hielt den kleinen silbernen Schlüssel fest in ihrer schlanken Hand.

Plötzlich rief Auris:

Der Einsatz der **wörtlichen Rede** macht eine Geschichte spannender. Sie besteht aus dem **Gesagten** (das steht in **Anführungszeichen**) und dem **Begleitsatz**. Der Begleitsatz kann vorangestellt, hinten angestellt oder eingeschoben sein.

- **Vorangestellter Begleitsatz:**

  Auris sagte: „Ich habe Angst. Komm mit mir."
  (Begleitsatz) (Wörtliche Rede)

- **Hinten angestellter Begleitsatz:**

  „Ich habe Angst. Komm mit mir", sagte Auris.
  (Wörtliche Rede) (Begleitsatz)

  „Ich habe Angst. Komm sofort mit mir!", sagte Auris.
  (Wörtliche Rede) (Begleitsatz)

  „Ich habe Angst. Kommst du mit mir?", fragte Auris.
  (Wörtliche Rede) (Begleitsatz)

- **Eingeschobener Begleitsatz:**

  „Ich habe Angst", sagte Auris, „komm mit mir."
  (Wörtliche Rede) (Begleitsatz) (Wörtliche Rede)

Tipp!
Beim hinten angestellten und eingeschobenen Begleitsatz gilt: Ein **Punkt** am Ende der wörtlichen Rede fällt weg, **Frage- und Ausrufezeichen** bleiben stehen.

b Anna schreibt die Geschichte so weiter:

> „Ich habe Angst", sagte Auris, „komm mit mir." Debonia sagte: „Du brauchst keine Angst zu haben. Der Schlüssel beschützt dich."
> „Aber wenn er nicht passt?", sagte Auris. Daraufhin sagte Debonia: „Er wird passen. Hab Vertrauen."

Leon liest sich den Dialog von Anna durch. Er findet es zwar spannend, was die Figuren sagen, aber insgesamt klingt es irgendwie langweilig. „Vielleicht nimmst du einfach mal andere Wörter für „sagen". Dann klingt es bestimmt gleich viel besser.

Setze andere, passende Wörter ein:

„Ich habe Angst", ______________________ Auris, „komm mit mir." Debonia

______________________: „Du brauchst keine Angst zu haben. Der Schlüssel

beschützt dich." „Aber wenn er nicht passt?", ______________________ Auris.

Daraufhin ______________________ Debonia: „Er wird passen. Hab Vertrauen."

Ideenbox: fragen – sprechen – flüstern – erzählen – entgegnen – antworten – rufen – schreien – erklären – beteuern – bestätigen – erwidern – murmeln – äußern

17 Wie geht die fantastische Geschichte weiter? Erinnere dich daran, wie man eine Erzählung aufbaut.

Tipp: Alles zur Gliederung einer Erzählung findest du im Kapitel „Eine spannende Klassenfahrt – Erlebniserzählungen schreiben“ im blauen Kasten auf S. 13 erklärt.

Lies dir den Anfang der Geschichte noch einmal durch und schreibe die Geschichte weiter. Schreibe auf ein Extra-Blatt.

Auris und Debonia ritten auf ihren weißen Einhörnern in den Sonnenuntergang. Ihre langen Haare flatterten im Wind und rund um ihre Flügel glitzerte die Luft. Die Elfen waren schnell, denn sie wollten das kleine verlassene Steinhaus, das inmitten des Zauberwaldes hinter dem Wasserfall stand, noch vor Einbruch der Dunkelheit erreichen. Auris hielt den kleinen silbernen Schlüssel fest in ihrer schlanken Hand.

Plötzlich rief Auris: „Debonia, reite schneller. Wir dürfen nicht zu spät kommen!“ Debonia sah ihre Schwester an und erwiderte: „Du bist die Jüngere und die Hüterin des Schlüssels. Reite schon voraus. Ich werde so schnell es geht nachkommen.“ „Ich habe Angst“, flüsterte Auris, „komm mit mir.“ Debonia entgegnete: „Du brauchst keine Angst zu haben. Der Schlüssel beschützt dich.“ „Aber wenn er nicht passt?“, fragte Auris. Daraufhin beteuerte Debonia: „Er wird passen. Hab Vertrauen.“

Leon möchte etwas ändern – Argumentieren und E-Mails schreiben

Leon kommt aus der Pause und ist furchtbar sauer. Schon wieder hat Nils aus der 4 a ihn vom Kletterhäuschen geschubst und als er dann mit den anderen Kindern aus seiner Klasse Fußball spielen wollte, hat Peter ihn nicht gelassen. „Wir sind schon sieben Kinder und haben nur einen Ball", hat er gesagt.
Leon erzählt alles Frau Reber und sie sind sich einig, dass sich dringend etwas ändern muss. Der Schulhof ist schrecklich langweilig und es gibt viel zu wenig zu tun. Deshalb sammeln die Kinder Ideen:

Also, ich fände ein größeres Klettergerüst und eine Schaukel toll. Dann müssten wir uns nicht immer um die wenigen Geräte streiten.

Es gibt einfach zu wenig Bälle und Seile für die ganze Schule und sie sind immer entweder ausgeliehen oder mal wieder verschwunden.

Ich würde in der Pause auch gerne mal ein Buch lesen, aber ich habe nirgendwo Ruhe dafür.

18 Trage die Ideen der Kinder in die Tabelle ein. Überlege dir weitere Verbesserungsvorschläge und schreibe sie ebenfalls in die Tabelle.

Das würde ich ändern ...,	damit/weil ...
Ich würde eine Ruheecke mit Bänken bauen,	damit ich in der Pause in Ruhe ein Buch lesen kann.

19 Leon möchte, dass sich auch wirklich etwas ändert. Deshalb beschließt die Klasse, dem Bürgermeister zu schreiben. Hilf Leon, das Schreiben zu verfassen.

- Bei einem **formellen Schreiben** an eine öffentliche Person wie den Bürgermeister musst du diese Person mit „Sie" ansprechen. Die Anrede („Sie, Ihnen, Ihre") wird dabei immer großgeschrieben. Verwende die Anrede „Sehr geehrte(r) ..." und die Grußformel „Mit freundlichen Grüßen".
- In einem **persönlichen Schreiben** an einen Freund oder ein Familienmitglied benutzt du die Anrede „du" („dein, dir"). Hier kannst du die Anrede kleinschreiben. Du kannst folgende Anreden und Grußformeln verwenden: „Liebe(r) ..., Hallo ..., Liebe Grüße, Viele Grüße, Alles Liebe".

Sehr geehrter Herr Bürgermeister,	**Anrede**
wir, die Klasse 3 b der Sonnenscheinschule, haben ein Problem und möchten Sie um Hilfe bitten.	**Vorstellung**
Unser Schulhof ist leider ______________________ ______________________ ______________________ ______________________	**Anliegen**
Deshalb kommt es in den Pausen ______________________ ______________________ ______________________ ______________________ ______________________	**Gründe dafür**
Wir haben selbst schon einige Ideen ______________________ ______________________ ______________________ ______________________ ______________________	**Was können die Schüler tun?**

Leider fehlt uns dafür ______________________________

____

Deshalb benötigen wir ______________________________

____

____

____

____

____

____

____

Was kann der Adressat tun?

Mit freundlichen Grüßen

____

Abschiedsgruß

Absender

20 Frau Reber schlägt vor, dass die Klasse dem Bürgermeister eine E-Mail schreibt, und fragt die Kinder nach den Vorteilen der „elektronischen Post“.

Eine E-Mail ist günstiger als ein Brief. Man braucht keine Briefmarke, kein Papier und keinen Umschlag.

Wir könnten an die Mail auch ein Bild von unserem Schulhof anhängen. Das wäre praktisch.

Und wir müssen nicht extra zum Briefkasten laufen.

Außerdem ist eine E-Mail in wenigen Sekunden angekommen. Dann bekommen wir bestimmt schneller eine Antwort.

Frau Reber hat für die Klasse eine E-Mail-Adresse eingerichtet, sie lautet:
3b.Sonnenscheinschule@gmx.de

Jede **E-Mail-Adresse** ist ungefähr gleich aufgebaut.

- Sie beginnt häufig mit dem **Vornamen** und dem **Nachnamen**. Dazwischen kann man einen Punkt oder einen Bindestrich setzen. Den Vornamen kannst du ausschreiben oder auch nur den Anfangsbuchstaben verwenden. Die Namen darfst du hier ausnahmsweise auch kleinschreiben.
- Dann kommt das Zeichen @, auch „**Klammeraffe**“ genannt. Daran erkennst du, dass es sich um eine E-Mail-Adresse handelt.
- Danach folgt der **Anbieter** oder **Online-Dienst**, bei dem du dich vorher anmelden musst. Dann setzt du wieder einen Punkt.
- Die E-Mail-Adresse endet normalerweise mit der **Länderkennzeichnung** (z. B. „de“ für Deutschland).

Beispiele: anna.buchberger@telekom.de *oder* A.Buchberger@telekom.de

Denke dir für dich und deine Freunde mögliche E-Mail-Adressen aus:

21 Um eine E-Mail zu versenden, benötigst du einen Computer mit Internetzugang und eine eigene E-Mail-Adresse. Wenn du die E-Mail-Adresse des Empfängers kennst, kann es auch schon losgehen. So ist eine E-Mail aufgebaut:

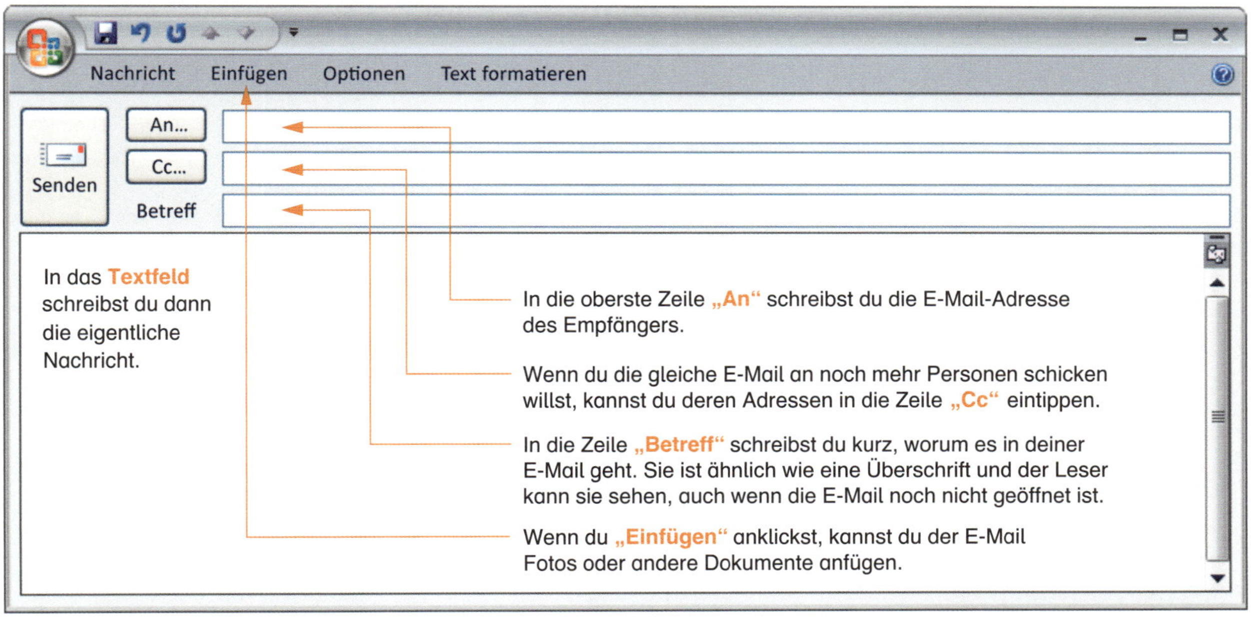

Schreibe jetzt das Schreiben an den Bürgermeister als E-Mail. Die E-Mail-Adresse des Bürgermeisters lautet: Bürgermeister.Büro@Neuhaus.de
Du darfst den Text aus Aufgabe 19 zu Hilfe nehmen. Du kannst die E-Mail auch zur Übung abtippen.

22 Der Bürgermeister hat die E-Mail der Klasse 3 b erhalten und den Kindern eine Geldspende für die Neugestaltung des Schulhofes versprochen. Außerdem hat er eine Gartenfirma beauftragt, neue Büsche und Bäume auf dem Schulhof zu pflanzen.

Formuliere im Namen der Klasse 3 b eine E-Mail an den Bürgermeister, in der sich die Kinder für seine Hilfe bedanken. Du kannst die E-Mail auch zur Übung abtippen.

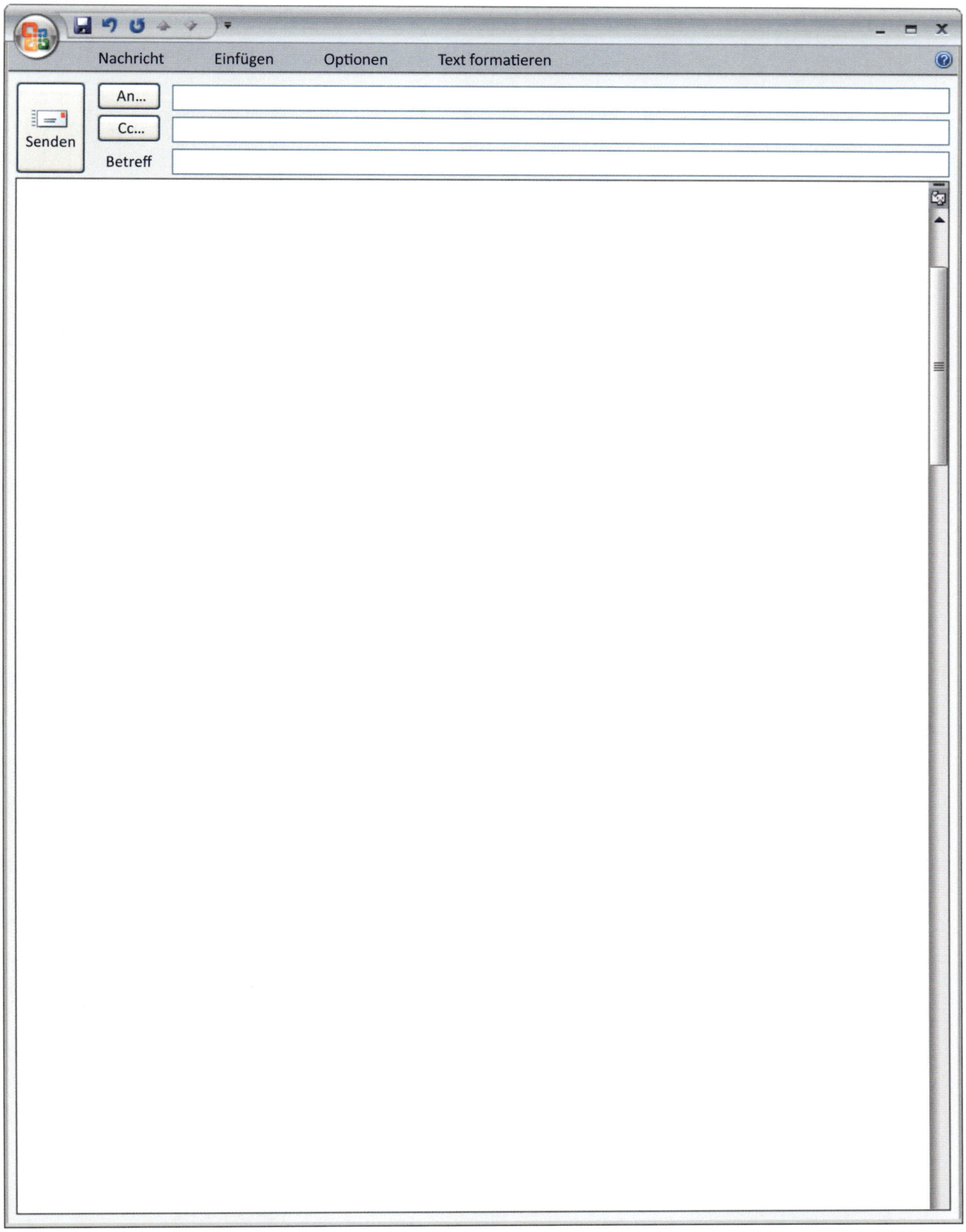

Ein neues Kind in der 3 b – Wegbeschreibungen verfassen

Es ist Montagmorgen in der ersten Stunde. Frau Reber, die Klassenlehrerin der 3b, kommt in die Klasse, doch sie ist nicht allein. Ein blondes Mädchen ist bei ihr.

In der zweiten Stunde muss Estelle zur Turnhalle. Leon hat einen Plan von der Schule dabei und zeichnet für sie den Weg ein.

23 Leon erklärt Estelle den Weg.

a Leons Erklärung ist leider etwas langweilig. Das liegt daran, dass er immer das Wort „gehen“ benutzt hat. Unterstreiche in Leons Wegbeschreibung alle Stellen, an denen „gehen“ steht.

> Also, du gehst aus dem Klassenzimmer und gehst um die Ecke nach rechts. Dann gehst du zwischen je drei Klassenzimmern rechts und links vorbei und gehst wieder rechts. Anschließend gehst du durch die Tür und gehst an den Umkleiden vorbei, die links von dir sind. Gehe nun nach links, dann hast du die Turnhalle erreicht.

b Vervollständige den Lückentext mithilfe von Leons Erklärung, setze aber verschiedene Wörter für „gehen“ ein.

Also, du ______________________________ und

______________________ um die Ecke nach rechts __________.

Dann ______________ du zwischen je drei Klassenzimmern rechts und links

vorbei und ______________________________.

Anschließend ______________ du durch die Tür und ______________

an den Umkleiden ______________, die links von dir sind.

______________________ nun nach links, dann hast du die Turnhalle erreicht.

Ideenbox: gehen – laufen – folgen – abbiegen – vorbeigehen – entlanggehen – überqueren – ein Gebäude/ein Zimmer verlassen – heraustreten – hineintreten – durch eine Tür treten – sich auf den Weg machen – sich nach links/rechts wenden – sich nach links/rechts begeben – einen Ort erreichen – ankommen

c Für eine Wegbeschreibung ist es wichtig, dass du weißt, wo sie beginnt (Startpunkt), wohin sie führt (Zielpunkt) und für wen sie geschrieben ist (Adressat).

Trage ein:

Startpunkt: ______________________________

Zielpunkt: ______________________________

Adressat: ______________________________

24 Bei einer Wegbeschreibung musst du die Richtungen und Anhaltspunkte, die auf dem Weg liegen, sehr genau erklären. Ergänze das Mindmap.

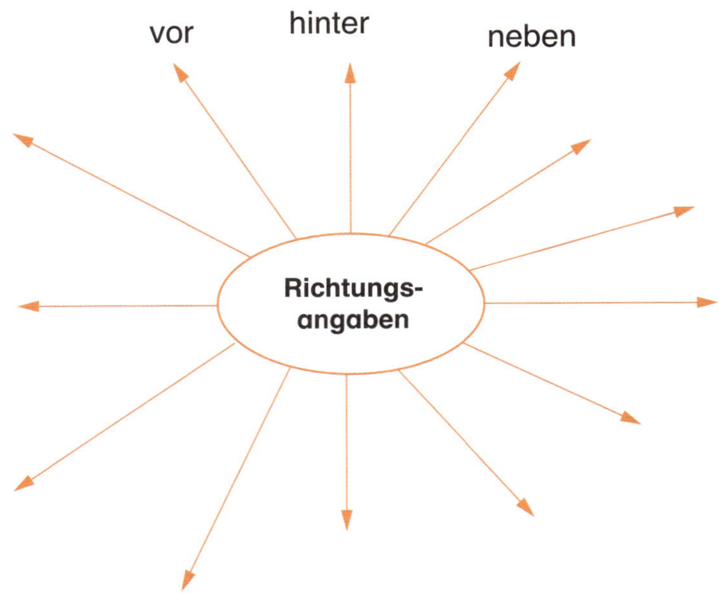

25 Für den Nachhauseweg gibt Frau Reber Estelle einen Stadtplan.

a Zeichne mit einem roten Stift den Weg von der Schule zu Estelles Zuhause ein.

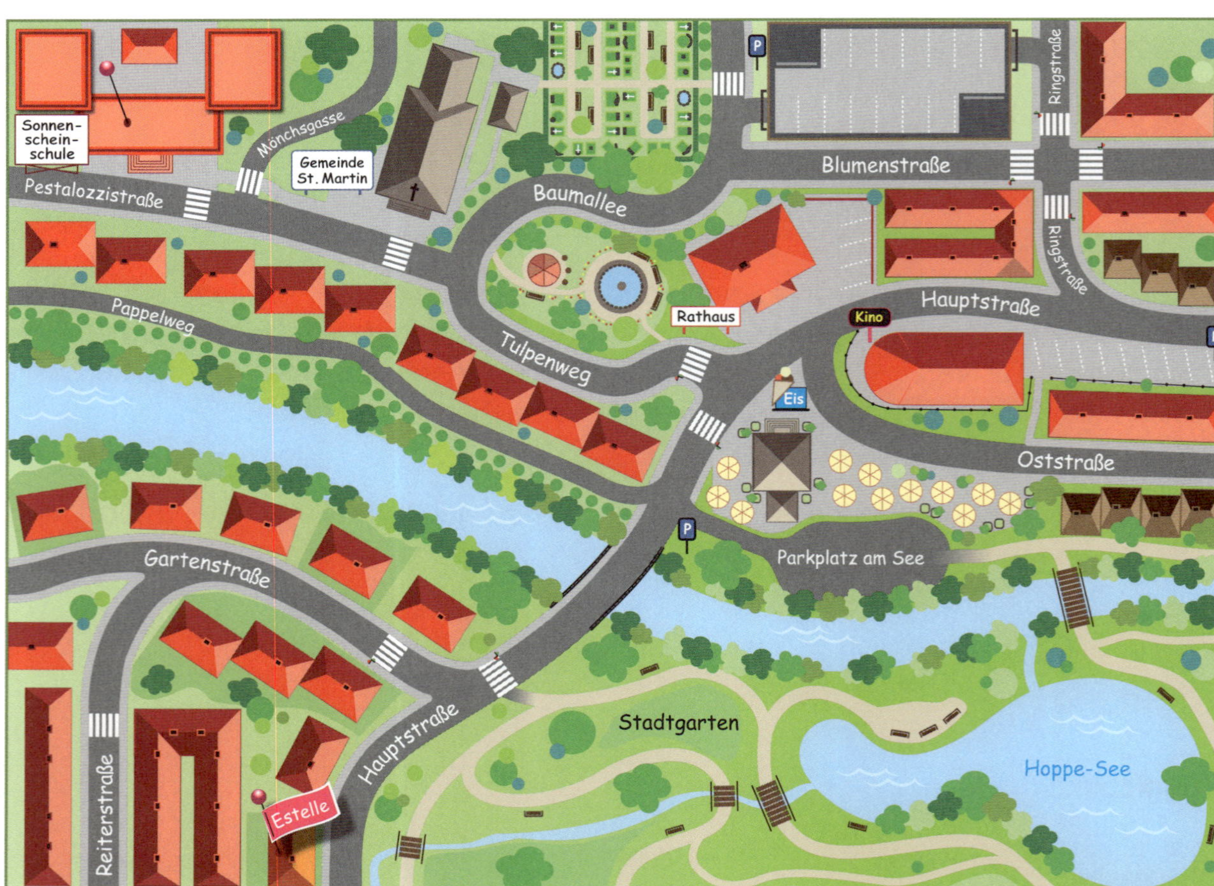

b Leon möchte Estelle den Weg mithilfe des Stadtplans erklären. Allerdings ist er sich bei den Richtungen unsicher. Setze in die Lücken die Richtungen „rechts“ oder „links“ ein.

Tipp: Leon hat einen tollen Trick für dich.

Zunächst gehst du aus der Schule heraus und wendest dich nach ____________ in die Pestalozzistraße. Am nächsten Zebrastreifen überquerst du die Straße und folgst ihr entlang der Häuserreihe, bis die Straße sich aufgabelt. Biege nun ____________ in den Tulpenweg ein. ______________ kannst du einen kleinen Park sehen. Der Tulpenweg mündet in die Hauptstraße, die du ______________ entlangläufst. Die Straße führt über eine Brücke. Auf der ______________ Seite kannst du den Stadtgarten sehen. Wenn __________________ die Gartenstraße abbiegt, überquerst du die Gartenstraße am Zebrastreifen und läufst weiter die Hauptstraße entlang. Hinter der Abbiegung ist das zweite Haus auf der ______________ Seite dein Zuhause.

Bei einer **Wegbeschreibung** musst du einer anderen Person einen Weg genau beschreiben. Achte darauf, an wen sich die Wegbeschreibung richtet. Du kannst in der „du-Form", „Sie-Form" oder „man-Form" schreiben.

Beispiele:
An der nächsten Ecke **musst du** abbiegen.
An der nächsten Ecke **müssen Sie** abbiegen.
An der nächsten Ecke **muss man** abbiegen.

Außerdem solltest du **genaue Richtungsangaben** wählen und **auffällige Wegpunkte** (Kirche, Park ...) benennen. Eine Wegbeschreibung sollte im **Präsens** (Gegenwart) stehen und sachlich sein.

Die Wegbeschreibung ist sprachlich gelungen, wenn du:
- verschiedene Wörter für „gehen" benutzt,
- unterschiedliche Satzanfänge verwendet und
- abwechslungsreiche Richtungsangaben gewählt hast.

26 Frau Reber möchte mit der Klasse von der Schule aus einen kleinen Ausflug zum Stadtgarten unternehmen. Der Weg soll über die Blumenstraße und über den Parkplatz am See gehen. Estelle möchte sich den Weg auf dem Stadtplan anschauen.

a Suche für Estelle den Weg auf der Karte (auf S. 32) und zeichne ihn mit einem grünen Stift ein. Trage ein:

Startpunkt: ______________________

Zielpunkt: ______________________

Adressat: ______________________

b Schreibe nun dazu eine Wegbeschreibung auf ein Extra-Blatt.

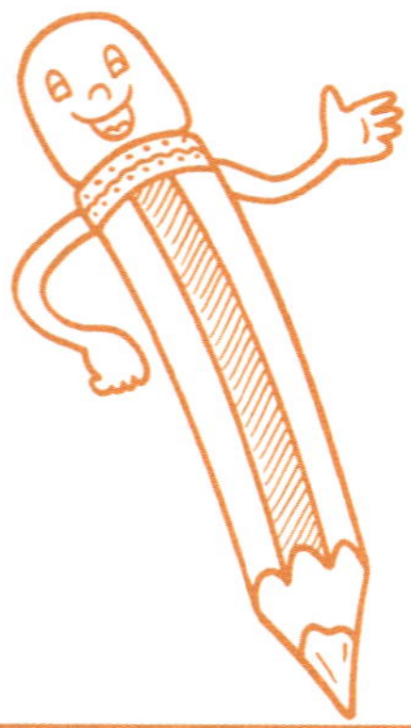

Eine Kunstausstellung der 3 b – Bastelanleitungen schreiben

Anna ist begeistert! Für die Projektwoche wird das Klassenzimmer der 3 b zu einem richtigen Kunstmuseum. Die Kinder dürfen basteln, malen und werken und alle Kunstwerke werden am Ende ausgestellt. Zu jedem Kunstwerk wird eine Bastelanleitung geschrieben und es werden alle Anleitungen zu einem großen Bastelbuch gebunden. Anna liebt das Basteln und fängt direkt mit einem schönen Schmetterling an.

27 Anna muss erst einmal überlegen, welche Materialien und Werkzeuge sie braucht.

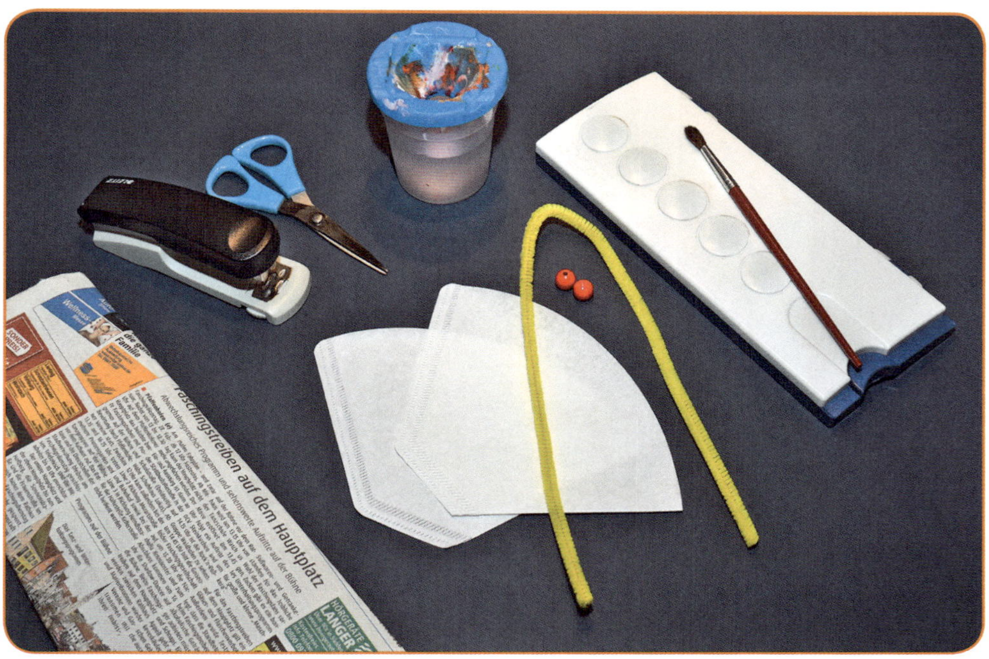

Fülle die Tabelle mithilfe des Bildes aus. Schreibe auch die richtige Anzahl dazu.

Materialien	Werkzeuge

Eine Bastelanleitung ist eine **Vorgangsbeschreibung**. Bei dieser musst du am Anfang alles aufzählen, was du für die Arbeit benötigst. Aus den **Materialien** wird deine Arbeit hergestellt, sie werden ganz oder zum Teil verbraucht. Die **Werkzeuge** benötigst du als Hilfsmittel, du kannst sie meist auch noch für andere Arbeiten gebrauchen.

28 Anna hat von ihrer Bastelarbeit Fotos für die Bastelanleitung gemacht. Bringe die Bilder in die richtige Reihenfolge, indem du sie nummerierst.

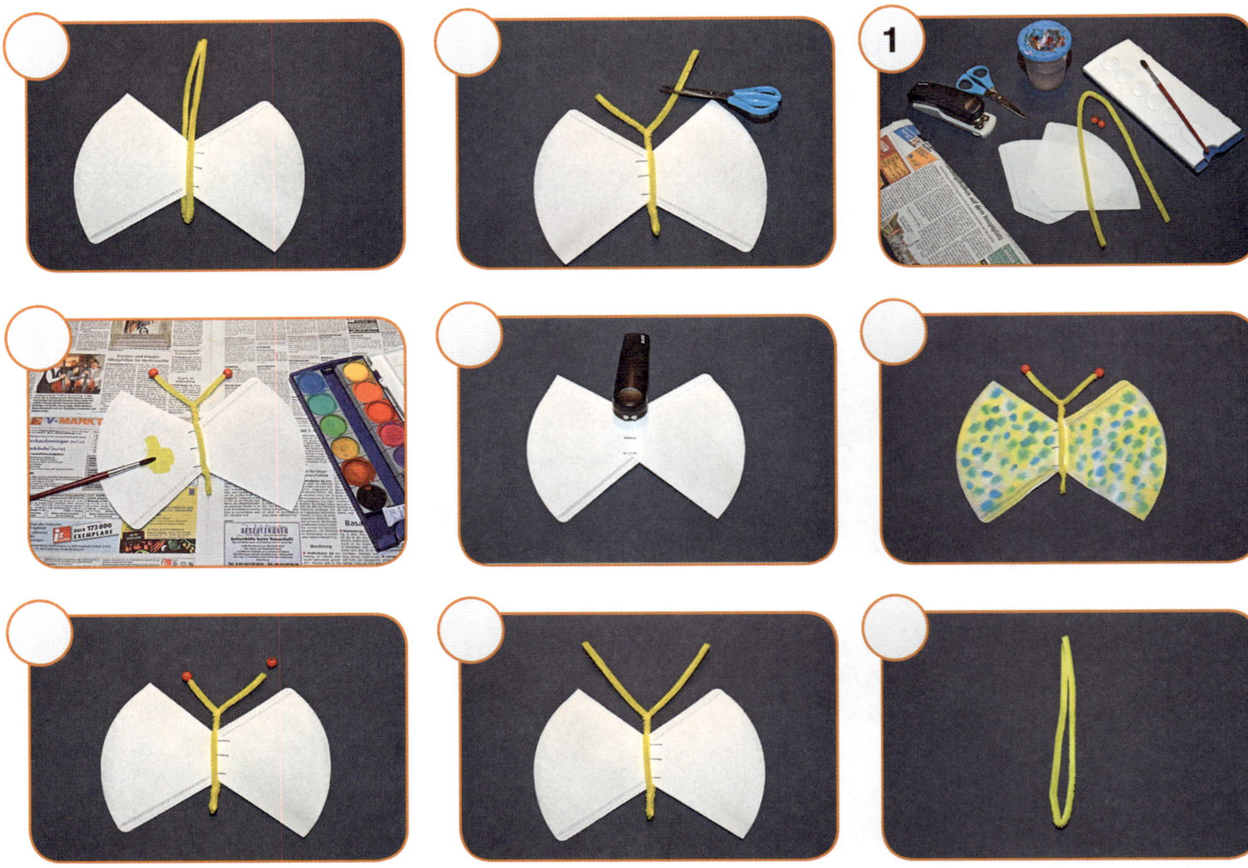

Bei einer **Bastelanleitung** musst du die **richtige Reihenfolge** einhalten.

29 Anna schreibt nun die Bastelanleitung für ihren Schmetterling. Sie freut sich so sehr über das Bastelbuch, dass ihre ganze Aufregung im Text spürbar ist. Leon liest:

Plötzlich verbinde ich mit dem Tacker die beiden Filtertüten gerade an ihrer schmalsten Seite. Auf einmal nehme ich den Pfeifenputzerdraht und knicke ihn einmal in der Mitte.

Leon: „Mensch, Anna, so kannst du das doch nicht schreiben. Das ist doch keine Abenteuergeschichte. Eine Bastelanleitung muss sachlich sein, da haben Gefühle keinen Platz. Komm, ich helfe dir. Du musst nur ein paar Satzanfänge austauschen."

Als Erstes verbinde ich mit dem Tacker die beiden Filtertüten gerade an ihrer schmalsten Seite. Danach nehme ich den Pfeifenputzerdraht und knicke ihn einmal in der Mitte.

Setze passende Satzanfänge in die Bastelanleitung ein.
Tipp: Die Ideenbox auf S. 38 kann dir helfen.

Der Filtertütenschmetterling

______________________ der Arbeit lege ich mir das Material bereit. Ich benötige zwei weiße Filtertüten, einen Pfeifenputzerdraht, zwei Holzkugeln mit Loch und Wasserfarben. ______________________ brauche ich eine Schere, einen Tacker, einen Pinsel, einen Becher mit Wasser und Zeitung zum Unterlegen.

______________________ verbinde ich mit dem Tacker die beiden Filtertüten gerade an ihrer schmalsten Seite. ______________________ tackere ich insgesamt dreimal, je einmal am Rand und einmal in der Mitte. ______________________ nehme ich den Pfeifenputzerdraht und knicke ihn einmal in der Mitte. ______________________ lege ich den Draht um die Verbindungsstelle der Filtertüten, sodass am unteren Ende zwei Zentimeter überstehen. ______________________ drehe ich dieses untere Ende zweimal um sich selbst. Genauso mache ich es mit dem oberen offenen Ende. Hier entstehen die zwei Fühler des Schmetterlings. Mit der Schere schneide ich die Fühler auf die gleiche Länge zu und stecke die Holzkugeln auf die Spitze der Fühler.

______________________ male ich den Schmetterling an. ______________________ benötige ich Wasserfarben, einen Pinsel und einen Becher Wasser. ______________________ muss ich aber noch den Tisch mit etwas Zeitung auslegen. ______________________ tunke ich den Pinsel ins Wasser und rühre etwas Farbe an. Bei dieser Arbeit darf ich mit etwas mehr Wasser arbeiten, damit die Farbe auf den Filtertüten besser verläuft. ______________________ male ich Punkte, Streifen oder andere Muster auf die Filtertütenflügel. Nach insgesamt etwa 30 Minuten ist die Bastelarbeit fertig und ich lasse die Farbe trocknen. Später hänge ich den Schmetterling an ein Fenster.

Ideenbox: danach – dann – zum Schluss – als Erstes – schließlich – nun – jetzt – zuerst – als Nächstes – zu Beginn – jetzt – anschließend – dazu – außerdem – dafür zum Schluss – als Letztes – zunächst – zu guter Letzt – später – daraufhin – zuletzt

Eine Bastelanleitung ist sprachlich gut gelungen, wenn du **verschiedene passende Satzanfänge** einfügst. Die Sprache sollte **sachlich** sein.

30 Anna möchte ihre Bastelanleitung umschreiben und den Leser mit „du" ansprechen. Schreibe Annas Anleitung „Der Filtertütenschmetterling" in die „du-Form" um. Schreibe auf ein Extra-Blatt.

Vorgangsbeschreibungen können in verschiedenen **Personalformen**, also aus verschiedenen Perspektiven, geschrieben werden. Du kannst die „ich-Form", die „du-Form" oder die „man-Form" benutzen. Wichtig ist, dass du bei **einer** Personalform bleibst.

Beispiele:
Dann **schneide ich** die Ecke ab.
Dann **schneidest du** die Ecke ab.
Dann **schneidet man** die Ecke ab.

31 Jetzt bist du dran! Schreibe zu den Bildern eine Bastelanleitung. Denke an eine passende Überschrift. Beschreibe genau und setze passende Adjektive (Wiewörter) und Verben (Tunwörter) ein. Schreibe die Bastelanleitung auf ein Extra-Blatt.

Tipp: Die Ideenboxen auf S. 39 können dir helfen.

Du brauchst:

So gehst du vor:

Ideenbox Verben: schneiden – zeichnen – falten – halten – feststecken – befestigen – knicken – probieren – versuchen – biegen – herstellen – drehen – pusten – bereitlegen – brauchen – benötigen – wenden

Ideenbox Nomen: Holzstab – Tonpapier – Stecknadel – Schere – Linie – X – Bleistift – Lineal – Ecke – Mitte

Ideenbox Adjektive: quadratisch – genau – vorsichtig – einfach – ebenso – farbig – sorgfältig

32 Jetzt bist du ein Experte für Bastelanleitungen.
Teste dich selbst und kreuze an.

Aussage	stimmt	stimmt nicht
Bastelanleitungen schreibt man in der Vergangenheit.	☐	☐
Man kann in der „du-Form“ oder auch in der „ich-Form“ schreiben.	☐	☐
Die Reihenfolge der Abläufe muss unbedingt eingehalten werden.	☐	☐
Man muss seine eigene Meinung einbringen.	☐	☐
Die benötigten Materialien müssen aufgeschrieben werden.	☐	☐
Eine Bastelanleitung ist auch eine Vorgangsbeschreibung.	☐	☐